PAIDEIA
ÉDUCATION

PRIMO LEVI

Si c'est un homme

Analyse littéraire

© Paideia éducation.

22 rue Gabrielle Josserand - 93500 Pantin.

ISBN 978-2-75930-462-2

Dépôt légal : Septembre 2023

Impression Books on Demand GmbH

In de Tarpen 42

22848 Norderstedt, Allemagne

SOMMAIRE

- Biographie de Primo Levi.. 9

- Présentation de *Si c'est un homme*............................ 15

- Résumé de l'autobiographie...................................... 19

- Les raisons du succès.. 29

- Les thèmes principaux... 35

- Étude du mouvement littéraire.................................. 43

- Dans la même collection.. 45

BIOGRAPHIE

PRIMO LEVI

Primo Levi est né le 31 juillet 1919 à Turin en Italie, où il demeurera toute sa vie, si l'on excepte son passage dans les camps de concentration. Issu d'une famille de Juifs piémontais, il jouit d'un accès facile à la culture et présente un goût prononcé pour la lecture.

Dans le cadre de ses études secondaires, Primo Levi fréquente le lycée Massimo D'Azeglio, connu encore aujourd'hui pour avoir formé de nombreuses personnalités antifascistes telles que Augusto Monti, Leone Ginzburg, Cesare Pavese, Guilio Einaudi ou encore Norberto Bobbio.

Primo Levi intègre ensuite l'université où il opte pour une formation scientifique. Il y soutient brillamment une thèse de chimie en 1941, malgré les lois antisémites du gouvernement de Mussolini qui sévissent à l'époque.

En 1943, après l'arrestation du Duce, il se réfugie dans les montagnes du val d'Aoste et intègre un groupe de résistants, le Partito d'Azione. Dénoncé comme beaucoup d'autres, il est arrêté le 13 décembre et interné au camp de Fossoli, près de Modène. Malgré son statut de maquisard, il échappe à l'accusation de résistance qui l'aurait mené au peloton d'exécution. Il est toutefois identifié comme Juif dans une Italie du nord dorénavant aux mains des nazis. Il est alors déporté au camp de Buna-Monowitz, connu aussi sous le nom d'Auschwitz III, où il porte le numéro de prisonnier 174517.

Sa formation de chimiste lui permet d'être affecté en novembre au laboratoire d'une industrie de caoutchouc, ce qui aura le mérite d'améliorer sensiblement ses conditions de vie. Début 1945, il est malade et évite ainsi l'évacuation du camp vers Buchenwald, où 20 000 autres prisonniers perdront la vie en quelques semaines.

Libéré par les troupes soviétiques le 27 janvier 1945, Primo Levi transite par le camp de triage de Katowice, où il travaille alors comme infirmier. Son retour vers l'Italie, échelonné de juin à octobre, le mène en URSS, en Roumanie, en Hongrie et en Autriche ; un voyage épuisant et semé de péripéties qu'il racontera plus tard dans *La Trève* (1963). Revenu dans un pays dévasté par la guerre, Primo Levi parvient toutefois à trouver un emploi de chimiste dans une fabrique de vernis dont il deviendra le directeur quelques années plus tard.

Lorsqu'il reprend une vie normale, Primo Levi n'a que vingt-six ans. Il a déjà connu l'engagement et l'horreur concentrationnaire, et cherche dorénavant à retrouver son humanité et à témoigner de son expérience. Il publie donc en 1947 *Si c'est un homme*, entre l'urgence de dire et la fébrilité conséquente du choc subi. Il reprend toutefois rapidement son activité de chimiste et s'y consacre entièrement dès 1948. Poussé toutefois par Italo Calvino, il revient à l'écriture dans les années 1960 et, outre La Trève, fait paraître deux recueils de nouvelles (*Histoires naturelles*, 1966 ; *Vice de forme*, 1971) dont les fables morales confinent largement avec la science-fiction.

Les années avançant et son œuvre gagnant en notoriété, Primo Levi abandonne progressivement son activité de chimiste pour se consacrer entièrement à l'écriture. En 1975, il publie *Le Système périodique*, qui mêle sa culture littéraire et son savoir scientifique pour évoquer sa démarche de reconstruction intellectuelle après l'expérience concentrationnaire. La même année, il fait paraître un court recueil de poèmes, *L'Auberge de Brême*, où il clame la supériorité du vers poétique sur la prose romanesque dans l'urgence de dire. Ce livre, augmenté de trente-quatre poèmes, connaîtra une seconde publication en 1984 sous le titre *À une heure incertaine*.

Liant à chaque fois un savoir culturel à une réalité autobiographique, les œuvres de Primo Levi se veulent le réceptacle de son destin, en même temps que la compréhension de celui-ci. Ainsi, son voyage en Russie, ses connaissances techniques et ses origines italiennes l'invitent à rédiger *La Clef à molette* (1978), un roman qui retrace les aventures d'un ouvrier piémontais qui construit des ponts à travers le monde. Quant à *La Recherche des racines*, c'est une anthologie des auteurs qui ont compté dans sa formation intellectuelle, qui ont bercé son adolescence et l'ont aidé dans son combat pour retrouver l'humanité perdue dans les camps. Seul *Aujourd'hui ou jamais*, roman publié en 1982, peut être considéré comme une fiction à part entière. Son dernier livre, *Les Naufragés et les Rescapés* reprend un chapitre essentiel de *Si c'est un homme*. Primo Levi y approfondit sa réflexion sur le système concentrationnaire et cherche à savoir comment l'homme peut tenir face à une machine faite pour le broyer intégralement.

La fin de la vie de Primo Levi est marquée par la mélancolie et par un regard sombre porté sur le monde. Fustigeant la politique israélienne mais aussi les largesses éthiques des savants modernes, il fait de plus en plus figure de martyr d'une société qui ne croit plus à son propre progrès depuis les exactions nazies.

Son décès, mystérieux, survient le 11 avril 1987. Retrouvé mort dans sa cage d'escalier, l'enquête policière conclut à un suicide, accréditant la thèse de la culpabilité ressentie par les rescapés des camps, si peu face au nombre impressionnant de prisonniers exterminés. D'autres soutiennent encore l'hypothèse de l'accident, voire du meurtre. Reste qu'au même titre que Robert Antelme (*L'Espèce humaine*), David Rousset (*Les Jours de notre mort*), Elie Wiesel (*La Nuit*) ou Imre Kertész (*Être sans destin*), Primo Levi est considéré comme un témoin essentiel des camps de concentration et comme un écrivain qui a su porter haut la littérature italienne du XXe siècle.

PRÉSENTATION DE SI C'EST UN HOMME

Le grand récit-témoignage de Primo Levi (intitulé, en italien, *Se questo è uomo*) est publié en 1947 chez un petit éditeur italien, De Silva, suite au refus d'Einaudi. 2 500 exemplaires sont tirés à l'époque. S'il est vrai que les documents et les récits de guerre sont appréciés du public de l'époque, le mélange des genres que propose alors Levi a plus de mal à se faire une place dans le panorama éditorial. En effet, le discours sur la Shoah, touchant plus profondément l'humanité et remettant en cause les comportements de l'Europe entière pendant la Seconde Guerre mondiale, met plus de temps à avoir un réel impact sur les lecteurs. On préfère alors parler de la guerre, de la résistance et des politiques qui ont succédé au pouvoir de Mussolini. *Si c'est un homme* peine donc à se faire connaître au tournant des années 1950 et Primo Levi reprend logiquement son travail de chimiste, songeant même un temps à abandonner l'écriture.

En 1956 toutefois, Italo Calvino parvient à convaincre Einaudi de rééditer ce texte qu'il trouve essentiel au devoir de mémoire et dont il juge excellentes les qualités littéraires. Le succès est alors au rendez-vous, l'ouvrage est traduit partout dans le monde, et Primo Levi est propulsé au panthéon des écrivains témoignant de l'expérience concentrationnaire et, plus largement encore, de la littérature italienne dans son ensemble.

Dans *Si c'est un homme*, Primo Levi narre son expérience des camps, en 1944-1945, alors qu'il est déporté au camp de Buna-Monowitz, connu aussi sous le nom d'Auschwitz III. Il faut préciser que Primo Levi commence à prendre des notes dès son emprisonnement, au moment où il est envoyé dans une usine de caoutchouc pour y être chimiste. Il profite alors d'un accès aux stylos et au papier et ce, malgré les interdictions strictes.

Dans l'ordre où ils se sont déroulés, il reprend les événements vécus et délivre une description très précise des camps en ordonnant chaque chapitre autour d'une situation dominante :

la déportation, le travail, les nuits, l'infirmerie, quelques portraits… Comme d'autres auteurs qui ont développé cette veine de la littérature des camps, la peinture de la mécanique de l'extermination est essentielle pour tout historien. Dans ce constat, Primo Levi insiste quant à lui sur les difficultés à communiquer, que ce soit avec les autres prisonniers ou avec les soldats.

Au-delà toutefois de ce caractère documentaire, Primo Levi développe une notion capitale pour toute la littérature de la seconde moitié du XXe siècle : le devoir de mémoire. Il exhorte le lecteur à ne pas oublier ce qui s'est passé, à en tirer les conséquences et à les transmettre aux générations futures. Parallèlement, il donne une place centrale à la littérature et à l'écrit dans la conception du maintien du l'humanité (au sein des camps) et dans la transmission d'une culture malgré les affres de l'Histoire (au-delà des camps).

Le regard de Primo Levi ne cesse donc de balayer le passé des camps (qu'il décrit), le présent de son discours et la place de celui-ci dans l'avenir. Tout ceci ne fait qu'accréditer sa valeur de témoignage, où l'écrit est pensé sur le fil chronologique de l'Histoire.

RÉSUMÉ DE L'AUTOBIOGRAPHIE

Introduction : Si c'est un homme

Par un poème de 23 vers, Primo Levi prend la parole et exhorte le lecteur à ne pas oublier ce qui va suivre. Plus qu'une préface, parce qu'il est inclus dans le texte et qu'il reprend le fonctionnement des prières hébraïques, ce texte en appelle à la mémoire du lecteur : il lui demande, sur le mode de l'impératif, de « grave[r] ces mots dans [son] cœur ». Il donne une résonance forte au titre et à l'ensemble du récit, l'expérience individuelle de Levi permettant de s'interroger sur la condition humaine.

Chapitre 1 : Le voyage

Dans ce premier moment du récit à proprement parler, Primo Levi revient sur les conditions de son enfermement au camp de Fossoli, près de Modène, puis sur sa déportation. Il choisit de déclarer sa « race juive », sachant pertinemment que son statut de résistant le mènerait directement au peloton d'exécution. Récupérés par les soldats allemands, les prisonniers sont déportés le 22 février 1944. Levi décrit alors un voyage long de cinq jours, où 650 personnes sont entassées dans douze wagons. Arrivés à proximité d'Auschwitz, les prisonniers subissent la première sélection : 96 hommes et 29 femmes, parmi lesquels Primo Levi, sont jugés aptes à « travailler utilement pour le Reich » et se dirigeront vers les camps de Buna-Monowitz et de Birkenau. Les 525 autres déportés seront tués dans les deux jours à venir.

Chapitre 2 : Le fond

Arrivé à Buna-Monowitz, Primo Levi prend rapidement conscience de la vie des camps. Il décrit dans ce chapitre les étapes initiatrices qui précèdent son entrée définitive : les prisonniers sont dépouillés de leurs derniers biens, rasés et « désinfectés », ils sont accoutrés des vêtements rayés, puis tatoués. Levi décrit ainsi le processus d'intégration, grotesque et dérisoire, et commence à donner les premiers détails sur la vie dans les camps : la taille des blocks, les conditions de survie (l'obligation de se ronger les ongles par exemple) et la nécessité de se prémunir des vols. Mais, au-delà de cette description « extérieure », l'auteur évoque déjà les premiers sévices de la faim, les premiers disparus et la disparition progressive de l'humanité en chacun d'eux.

Chapitre 3 : Initiation

Dans ce court chapitre, Primo Levi continue la description de son initiation. Dorénavant affecté au block 30, il fait l'expérience des réveils aux aurores, des courses vers les latrines, des distributions de pain et des tractations entre prisonniers qui s'ensuivent. De la description des lavabos ressort toutes l'absurdité du discours nazi et des caricatures qu'il convoque (les Juifs au nez crochu). La propreté est un sujet essentiel de ce chapitre : alors que Levi ne voit déjà plus l'intérêt de perdre tant d'énergie à se laver, Steinlauf, un ancien sergent austro-hongrois lui explique qu'il parvient, en le faisant, à maintenir sa propre humanité.

Chapitre 4 : KB

Suite à un accident, Primo Levi est au « Krankenbau », l'infirmerie. Là encore, l'auteur décrit avec précision les passages successifs devant les médecins, le manque de soins et la peur des autres prisonniers (qui sont tous de potentiels voleurs). Un temps, le passage au KB s'apparente à un moment de repos : on y a plus le temps de « savourer » sa ration de pain et Levi y avoue avoir retrouvé un sommeil « profond ». Certains prisonniers, comme Piero Sonnino, cherchent même à y rester le plus longtemps possible. C'est toutefois dans cet endroit qu'il en apprend plus sur les fours crématoires, avec Walter Bonn et de Schmulek, ses deux voisins de couchette. Il assiste alors à la « sélection » qui y est effectuée, comme dans tout autre endroit du Lager.

Chapitre 5 : Nos nuits

Après vingt jours au KB, Levi est affecté au block 45 avec son ami Alberto, un jeune homme de 22 ans qui semble mieux que les autres s'adapter au Lager. L'auteur décrit alors les soirées d'hiver, puis les rêves collectifs des prisonniers qui tournent bien souvent autour d'une nourriture absente. Par la suite, il évoque la corvée de vidange du seau, où se vident des grandes quantités de soupe et d'eau ingurgitées pendant la journée. Enfin, c'est le moment où résonne le sinistre « Wstawać », l'appel uni du réveil, les renvoyant tous à la réalité du travail.

Chapitre 6 : Le travail

Avec ce chapitre, le lecteur entre dans une autre période du récit, où l'initiation a laissé place au quotidien du travail. Levi décrit ainsi une matinée de labeur, à porter des traverses métalliques trop lourdes pour son faible corps. Il est aidé de Resnyk, un prisonnier qui semble en meilleure forme que lui. Comme d'autres, il gagne un peu de temps et de repos aux latrines, avant le repas du midi, fait d'une soupe trop liquide, puis la courte sieste que l'appel du Kapo vient rompre.

Chapitre 7 : Une bonne journée

Au milieu des journées de travail, des moments paraissent aux prisonniers moins durs que d'autres. Levi évoque ainsi les premiers rayons du soleil annonciateurs du printemps, celui qui les éloignera de la rigueur de l'hiver polonais. L'auteur raconte aussi une autre anecdote au cours de laquelle Templer, l'organisateur du Kommando, se procure cinquante litres de soupe abandonnés. Le répit que leur accorde ce surplus de nourriture leur permet de retrouver pour quelques heures leur condition d'hommes et de se laisser emporter par le souvenir des êtres chers disparus.

Chapitre 8 : En deçà du bien et du mal

Avec ce chapitre, le récit tente de ne plus se limiter au rapport des faits et au fonctionnement du Lager et souhaite délivrer un discours plus éthique. Primo Levi décrit ainsi le fonctionnement complexe de la bourse du camp, où les prisonniers peuvent faire du troc et obtenir les biens qui amélioreront leur quotidien (une chemise, un peu de nourriture, du tabac…). Levi insiste sur la brutalité et l'absurdité de la bourse dont le fonctionnement s'appuie, notamment, sur les vols, prohibés par certains, acceptés voire incités par d'autres. Les notions de justice, de bien ou de mal n'ont plus cours au Lager.

Chapitre 9 : Les élus et les damnés

Le chapitre s'ouvre sur une réflexion sur l'organisation du Lager, entendu comme un « champ d'expérimentation » pour étudier les comportements de « l'homme confronté à la lutte pour la vie ». La seule distinction valable, et qui l'est peut-être aussi pour le monde dans sa totalité, c'est celle qui sépare les damnés des élus. Les damnés forment cette masse confuse composée de ceux qui se laissent aller vers la mort. Les élus, au contraire, vivent de petites combines et usent de leurs talents pour survivre, comme Elias ou Henri que Levi décrit longuement.

Chapitre 10 : Examen de chimie

Le Kommando 98 est spécialisé dans les produits chimiques. C'est Alex, un nouveau Kapo, qui en a la charge. Primo Levi passe un examen devant le Doktor Pannwitz qui vérifie ses connaissances en chimie, un savoir qui lui revient presque mécaniquement. En dehors de cette anecdote, tout le chapitre tourne autour de deux moments : celui où Primo Levi se sait regardé par le docteur autrement que comme un homme et celui où, les mains tachées de cambouis, Alex s'essuie sur les épaules du prisonnier italien.

Chapitre 11 : Le chant d'Ulysse

Intégré au Kommando 98, Primo Levi évoque sa relation avec Jean le Pikolo, un échelon élevé dans la hiérarchie des proéminences, ce qui n'empêche pas le jeune alsacien d'être proche des prisonniers moins bien lotis que lui. Alors qu'il tente de lui apprendre quelques rudiments d'italien, l'auteur se remémore des passages de *La Divine comédie* de Dante. Il perçoit alors ces vers du « chant d'Ulysse » comme un message d'espoir en l'homme.

Chapitre 12 : Les événements de l'été

Avec l'été arrivent les premières rumeurs de débarquement en Normandie et les premiers bombardements dans la région de la Buna. Ironie du sort, les baraquements sont souvent touchés, dégradant encore un peu plus les conditions d'emprisonnement. La direction est aussi plus rude, plus violente, dorénavant convaincue qu'elle a face à elle un ennemi dangereux. Les prisonniers évoluent alors vers l'abrutissement total. C'est cependant à cette période que Primo Levi rencontre Lorenzo, un ouvrier civil italien qui lui rend gratuitement quelques services. Au milieu de cette masse informe qu'est le Lager, l'auteur décèle une figure humaine à laquelle se rattacher.

Chapitre 13 : Octobre 1944

Avec le mois d'octobre reviennent l'hiver et les premières neiges. C'est aussi le mois, pour les prisonniers de Monowitz, de la grande sélection. Chacun aborde l'événement à sa manière, mais tous tentent de se rassurer en sachant que les damnés iront à Birkenau, où les cheminées ne cessent de recracher de la fumée depuis plus de dix jours. L'examen est sommaire, rapide et truffé d'erreurs. Primo Levi y réchappe, peut-être à la faveur d'une inversion entre sa fiche et celle de René, un homme jeune et robuste.

Chapitre 14 : Kraus

Une journée pluvieuse de novembre, semblable à toutes les autres. Dans ce court chapitre, Primo Levi fait le portrait de Kraus Pali, un jeune Hongrois qui ne parvient pas à intégrer les fonctionnements du Lager. Il est voué à la mort. L'auteur lui raconte alors un rêve dans lequel le jeune homme arrive dans une résidence de Naples, avant de se voir offrir l'hospitalité. Tout est faux, mais il parvient à redonner un peu d'espoir au condamné.

Chapitre 15 : « Die drei Leute vom Labor »

L'hiver est maintenant bien installé, la neige recouvre les ruines et les attaques aériennes se calment. Tous voient cette saison survenir comme leur ultime bataille. Par chance, Primo Levi est affecté au laboratoire, où il profite de la chaleur des locaux, d'une chemise et d'un caleçon neufs et de tout un attirail qu'il se dit prêt à voler pour le troquer au Lager. Le revers de la médaille ne tarde pas à se faire ressentir : redevenu un peu homme, il est submergé par les souvenirs et sombre dans un profond désespoir.

Chapitre 16 : Le dernier

Noël approche. Alberto et Primo sont dorénavant bien « organisés » et arrivent à vendre leurs services, améliorant ainsi leur quotidien. Ils sont parfaitement adaptés. C'est alors qu'ils assistent à la pendaison d'un homme qui a tenté une mutinerie à Birkenau. Malgré l'appel du condamné à mort, tous restent apathiques, même les plus rusés d'entre eux. Le chapitre se termine sur un constat affligeant : les nazis ont gagné, plus aucun prisonnier ne présente une once d'humanité.

Chapitre 17 : Histoire de dix jours

Le dernier chapitre vient corriger la fin pessimiste du précédent. Début janvier, Primo Levi, atteint par la scarlatine, est admis une nouvelle fois au KB. Quelques jours plus tard, le camp est évacué devant l'arrivée imminente des troupes soviétiques. 20 000 prisonniers, dont Alberto, le meilleur ami de Primo Levi, sont ainsi déplacés puis exterminés à la hâte. Les malades restés au KB s'organisent progressivement. Primo, aidé de deux jeunes Français, accomplit des prodiges pour maintenir la vie dans le block. Mieux encore, quelques signes permettent au récit de se terminer sur une lueur d'espoir : lentement, par à-coups, la solidarité a repris les devants, et les prisonniers sont petit à petit redevenus des hommes.

LES RAISONS
DU SUCCÈS

À la fin des années 1940, les langues se délient et les premiers témoignages des survivants des camps de concentration commencent à paraître. Citons les auteurs et les œuvres les plus connues : *L'Espèce humaine* de Robert Antelme, *Le Journal* d'Anne Franck, *Les Jours de notre mort* de David Rousset, *L'Écriture ou la vie* de Jorge Semprun, *La Nuit* d'Elie Wiesel, ou plus récemment, *Être sans destin* d'Imre Kertész. En dehors de ces témoignages publiés, naissent des associations qui tentent de collecter les histoires des anciens déportés. Il ne faut pas oublier, en effet, que ces voix sont les seules ou presque en mesure de donner une description détaillée des camps, de l'intérieur. Au fur et à mesure des années émerge la notion de « devoir de mémoire », c'est-à-dire l'obligation qui incombe à chacun de garder à l'esprit ce que l'humanité a su faire de pire, afin d'éviter de réitérer les mêmes erreurs : le texte qui introduit Si c'est un homme, parce qu'il est une prière, une exhortation, va en ce sens.

Avant d'être des œuvres littéraires à part entière, ces textes sont entendus comme des témoignages essentiels, c'est-à-dire comme des documents qui viennent accréditer une page d'histoire. Ce point incontournable est respecté par *Si c'est un homme*, ne serait-ce que par les descriptions du camp (lieux, blocks, nombre de prisonniers) qui sont, comme au deuxième (le camp dans son ensemble) et au quatrième (l'infirmerie) chapitre, extrêmement précises. De la même manière, la construction globale du texte, qui est installé sur le fil chronologique du temps, présente le récit d'une expérience réelle. Il suit de manière précise l'expérience concentrationnaire : la déportation, l'initiation, la vie de tous les jours, l'adaptation, la libération. Certaines parties de l'ouvrage sont considérées comme de vraies archives historiques : on y retrouve des portraits (Henri, Elias, Alberto…) ; les comportements sociaux (le troc, la bourse…) ainsi que certaines caractéristiques des camps de concentration (la sélection, les étapes de l'initiation) y sont étudiées.

La description des personnages permet aussi d'examiner précisément les populations déportées : on y parle de quinze à vingt langues, certaines nationalités sont mieux considérées que d'autres... Primo Levi évoque en ce sens l'importance des numéros, qui renvoient à des groupes de déportés : les rares survivants des ghettos polonais (déportés dès 1942), les Grecs de Salonique (déportés dès 1943), les Hongrois (massivement déportés fin 1944) ou les Italiens, méprisés parce que peu nombreux. Primo Levi rappelle aussi la distinction entre les prisonniers de droit commun (les triangles verts), les prisonniers politiques (les triangles rouges) et les Juifs, qui représentent 95% de la population du Lager et se distinguent par leur étoile jaune. Plus qu'un simple document ou qu'une pièce à conviction historique, le texte se fait alors un parfait traité de sociologie ou d'anthropologie, la formation scientifique de Levi lui permettant de donner un rapport détaillé et objectif de la vie au Lager.

Si c'est un homme ne saurait toutefois se limiter à un pur document historique. La structure du texte favorise des orientations dramatiques qui sont parfois revendiquées, notamment lorsque l'auteur parle en ces termes : « Mais maintenant c'est bel et bien fini. C'est le dernier acte : l'hiver a commencé, et avec lui notre dernière bataille » (chapitre 15). Par ailleurs, les deux derniers chapitres, qui fonctionnent en regard l'un de l'autre, offrent au texte un véritable « coup de théâtre ». Nous avons suivi le destin d'hommes lentement déshumanisés jusqu'à la victoire du système nazi. Le dernier chapitre ouvre toutefois vers un recommencement et une lueur d'espoir supposée par la solidarité qui s'exprime dans le camp avant sa libération.

Le statut de témoignage conféré au texte est aussi dépassé

par son caractère protéiforme. En effet, si la matière historique est primordiale et convoquée dans la cadre d'un document, le texte se fait aussi récit de vie, voire autobiographie. En effet, derrière les faits énoncés se construit un « je » qui marque la naissance d'une personnalité et d'une destinée, irrémédiablement orientée par l'expérience concentrationnaire. Primo Levi ne se cache jamais derrière une quelconque neutralité mais assume sa parole et la subjectivité de son histoire. La focalisation interne à l'œuvre, ainsi que l'omniprésence de la première personne du singulier, abondent en ce sens.

Peut-être même plus qu'une autobiographie, pourrions-nous parler de récit au sujet de Si c'est un homme. Primo Levi assume l'acte « littéraire » de narrer, donnant parfois à son texte les atours du roman, ce que certains ne manqueront pas de lui reprocher, mais que d'autres verront comme la plus grande de ses qualités : « Pour moi, dit Ernesto Ferrero, ancien directeur littéraire des éditions Einaudi, il n'est pas seulement un témoin. Son écriture classique, sa curiosité anthropologique, son esprit scientifique créent un style unique. Il voulait comprendre et faire comprendre. Sa liberté intellectuelle était absolue. »

LES THÈMES PRINCIPAUX

Le projet de Primo Levi est d'abord de décrire et de comprendre une expérience personnelle traumatisante. Mais c'est également une page d'histoire sans commune mesure qui est expliquée. Il n'est donc pas uniquement question de retranscrire de manière objective un passé historique, mais de construire une œuvre de mémoire.

Cette question du ressouvenir est double dans le récit de Primo Levi : la mémoire est le signe de l'humanité que les prisonniers perdent un peu plus chaque jour. En effet, à chaque fois qu'il améliore ses conditions d'enfermement, l'auteur explique que c'est l'occasion de se replonger dans la peine et dans les souvenirs (voir chapitres 7 et 15). On comprend donc que la capacité des prisonniers à se penser au cœur de la vie et en rapport avec les autres (non pas comme de potentiels voleurs mais comme des hommes à part entière) les ramène à leur condition humaine ; c'est là que se tient la distinction entre survivre et vivre.

La « fiction » peut même venir en aide aux prisonniers, par exemple lorsque Primo Levi invente un rêve pour Kraus (chapitre 14). Dans cette dynamique, l'auteur comprend à quel point l'écrit et, de manière plus précise encore, la littérature, sont en mesure de le rattacher au peu d'humanité qui lui reste et de faire passer un message. Tout au long du texte sont disséminées des références littéraires et culturelles qui orientent les personnages, voire l'œuvre dans son ensemble. On pourrait classer ces références en trois catégories :

- les mythes gréco-latins, qui imagent sensiblement le texte et renvoient à une monstruosité quasi tragique : les prisonniers qui viennent d'arriver n'ont pas eu le droit de boire pendant plusieurs heures et comparent leur supplice aux Enfers tels que perçus par Tantale. De même Levi évoque « le rêve de Tantale » pour parler des nuits des déportés (chapitre 6). La

confrontation avec le docteur Pannwitz pour l'examen de chimie est comparée à la rencontre d'Œdipe avec le Sphinx. Enfin, dernière référence et non des moindres, celle à Ulysse. Il est le héros de l'épopée par excellence, celui qui, pour l'Antiquité, a repoussé les limites de l'aventure humaine (en affrontant la colère des dieux), et en revient pour la raconter.
 - la Bible, notamment les textes de la Genèse : ces références-ci sont plus éparses. Le poème d'introduction fonctionne, nous l'avons déjà dit, comme une prière, et renvoie au *Deutéronome* (cinquième livre de l'Ancien Testament). Il fait donc un écho signifiant à la culture hébraïque si durement touchée pendant la Shoah. Retenons aussi les références à la Tour de Babel qui permettent de caractériser le Lager, espace cosmopolite où toutes les langues se mélangent au point qu'il devient difficile de communiquer.
- Dante et *La Divine comédie* : la référence la plus importante est certainement celle qui renvoie au poème majeur de l'artiste florentin Dante Alighieri. D'abord parce qu'il est un fleuron d'une culture italienne que Levi maîtrise parfaitement. Ensuite parce qu'il fait lui aussi référence à un héros antique, Ulysse, l'homme de la ruse et de l'aventure. Le chapitre 11, au cours duquel Levi tente d'apprendre quelques mots d'italien à Jean le Pikolo, est l'occasion du plus vaste développement et, très certainement, de la construction du moment central du livre. Il permet à l'auteur de donner une place prépondérante à la littérature dans toute quête de mémoire. Porteur d'une culture vieille de plusieurs siècles (le texte de Dante date du XVIe siècle mais fait déjà suite à Virgile et à toute une veine antique) qui lui assure un peu d'humanité, il parvient aussi à créer entre elle et Auschwitz une correspondance fondamentale : pour pouvoir faire œuvre de mémoire, l'expérience concentrationnaire doit, déjà, se muer en art.

La littérature et la mémoire peuvent paraître incompatibles. D'abord parce que l'écart de temps que suppose la reprise en récit des événements vécus met à mal les certitudes mémorielles et, conséquemment, la vérité historique. Il ne faut par oublier, en effet, que le problème de la mémoire s'est posée très tôt aux déportés. Ils étaient faibles, leur moral était touché, ils se savaient perdus. Par ailleurs, ils avaient tous une vision extrêmement parcellaire des camps. Bien évidemment, les témoignages sur leur fonctionnement général se recoupent bien allègrement. Mais d'un block à l'autre, des éléments pouvaient changer. À titre d'exemple, *La Nuit* est un récit totalement différent de *Si c'est un homme*, alors qu'Elie Wiesel et Primo Levi ont fréquenté un temps la même partie d'Auschwitz. La mémoire n'est pas la même pour tous et il est peu de dire que les camps sont autant une expérience humaine et individuelle qu'un fait essentiel de l'Histoire. Autrement dit : si elle y contribue activement, la mémoire n'est pas l'Histoire.

L'autre « problème » est bien le statut littéraire de *Si c'est un homme*. Par souci d'efficacité et pour se faire comprendre d'un maximum de personnes, l'auteur élude des événements, change des noms, choisit une focalisation et un type de narration, met en place un style d'écriture. En somme, il fait œuvre d'écrivain à part entière. Comme exorcisme à l'horreur vécue, puis comme volonté de transmettre un message, la littérature a pour elle d'atteindre le lecteur simultanément au niveau de l'intellect, mais aussi au niveau de l'affect. Appeler des procédés d'écriture pour émouvoir, pour faire « vivre » au lecteur l'expérience concentrationnaire, permet aussi d'entretenir sa mémoire. Mais le revers de la médaille est de la faire entrer dans le domaine de la fable.

ÉTUDE DU MOUVEMENT LITTÉRAIRE

Confrontée à toute la tradition littéraire, la « littérature des camps » a la particularité de ne pas se rattacher à un mouvement qui a construit des règles esthétiques ou philosophiques en fonction d'une réflexion sur les arts, mais d'englober toute une production rattachée à un événement historique particulier, circonscrit dans des limites temporelles. Bien sûr, de tous temps a existé une littérature du témoignage que l'on utilise encore aujourd'hui comme pièces essentielles dans le cadre d'une reconstruction historique. On l'a vu toutefois, l'extrême violence et la force de destruction du système nazi est un moment unique dans l'Histoire et pour la pensée humaine. Malgré tout ce qui peut la précéder, la littérature des camps part donc de rien. Il faut presque inventer une nouvelle forme de « dire » et contrecarrer les limites intrinsèques de la langue pour expliquer ce qui dépassait jusqu'alors l'entendement humain.

En conséquence, les productions que l'on classe généralement sous cette étiquette sont extrêmement hétéroclites : des romans, des récits, des journaux intimes, des poèmes. Tous ces ouvrages ne sauraient d'ailleurs être rapprochés pour leurs prétentions esthétiques. Il est en effet difficile de lier, d'un point de vue strictement littéraire, l'écriture précise, entre scientificité et épopée, de Primo Levi à l'écriture fragmentaire et mêlant les points de vue d'Elie Wiesel, à la poésie lyrique de Ytshak Katzenelson ou au style neutre, voire cynique, d'Imre Kertész. Seule une concordance des faits et des expériences les rapproche, tout comme le fait que derrière chaque roman ou poème se cache une vérité implacable.

Par ailleurs, une grande question partage les témoins de la Shoah, que semble poser à sa manière *Si c'est un homme*. Doit-on user des artifices de la littérature (et plus largement de l'art, la question se posant aussi pour le cinéma notamment) pour parler d'une expérience réelle aussi violente ? Deux penseurs de la Shoah ont répondu à cette question de manière tout à fait opposée. Theodor Adorno se demande si l'art est légitime pour parler d'une souffrance extrême, interrogeant par là les hommes de lettres sur leur droit à esthétiser la Shoah. Aharon Appelfeld, au contraire, pense que seul l'art peut sortir la douleur de l'abîme. La question, encore très vive aujourd'hui, reste entière. Elle l'est d'autant plus pour les œuvres qui sont de plain-pied dans la fiction et qui utilisent le génocide des Juifs comme cadre à un récit totalement ou partiellement inventé. Avec *Si c'est un homme*, nous sommes bien loin de ces dernières considérations, bien que le rôle de la littérature, comme nous avons pu le montrer ailleurs, soit posé en des termes complexes. Car Primo Levi peut opposer à toute contestation son statut de déporté : le tatouage qu'il porte sur le bras en est, hélas, la preuve la plus éclatante.

DANS LA MÊME COLLECTION
(par ordre alphabétique)

- **Anonyme**, *La Farce de Maître Pathelin*
- **Anouilh**, *Antigone*
- **Aragon**, *Aurélien*
- **Aragon**, *Le Paysan de Paris*
- **Austen**, *Raison et Sentiments*
- **Balzac**, *Illusions perdues*
- **Balzac**, *La Femme de trente ans*
- **Balzac**, *Le Colonel Chabert*
- **Balzac**, *Le Lys dans la vallée*
- **Balzac**, *Le Père Goriot*
- **Barbey d'Aurevilly**, *L'Ensorcelée*
- **Barbey d'Aurevilly**, *Les Diaboliques*
- **Bataille**, *Ma mère*
- **Baudelaire**, *Les Fleurs du Mal*
- **Baudelaire**, *Petits poèmes en prose*
- **Beaumarchais**, *Le Barbier de Séville*
- **Beaumarchais**, *Le Mariage de Figaro*
- **Beauvoir**, *Mémoires d'une jeune fille rangée*
- **Beckett**, *En attendant Godot*
- **Beckett**, *Fin de partie*
- **Brecht**, *La Noce*
- **Brecht**, *La Résistible ascension d'Arturo Ui*
- **Brecht**, *Mère Courage et ses enfants*
- **Breton**, *Nadja*
- **Brontë**, *Jane Eyre*
- **Camus**, *L'Étranger*
- **Carroll**, *Alice au pays des merveilles*
- **Céline**, *Mort à crédit*

- **Céline**, *Voyage au bout de la nuit*
- **Chateaubriand**, *Atala*
- **Chateaubriand**, *René*
- **Chrétien de Troyes**, *Perceval*
- **Cocteau**, *La Machine infernale*
- **Cocteau**, *Les Enfants terribles*
- **Colette**, *Le Blé en herbe*
- **Corneille**, *Le Cid*
- **Crébillon fils**, *Les Égarements du cœur et de l'esprit*
- **Defoe**, *Robinson Crusoé*
- **Dickens**, *Oliver Twist*
- **Du Bellay**, *Les Regrets*
- **Dumas**, *Henri III et sa cour*
- **Duras**, *L'Amant*
- **Duras**, *La Pluie d'été*
- **Duras**, *Un barrage contre le Pacifique*
- **Flaubert**, *Bouvard et Pécuchet*
- **Flaubert**, *L'Éducation sentimentale*
- **Flaubert**, *Madame Bovary*
- **Flaubert**, *Salammbô*
- **Gary**, *La Vie devant soi*
- **Giraudoux**, *Électre*
- **Giraudoux**, *La Guerre de Troie n'aura pas lieu*
- **Gogol**, *Le Mariage*
- **Homère**, *L'Odyssée*
- **Hugo**, *Hernani*
- **Hugo**, *Les Misérables*
- **Hugo**, *Notre-Dame de Paris*
- **Huxley**, *Le Meilleur des mondes*
- **Jaccottet**, *À la lumière d'hiver*
- **James**, *Une vie à Londres*
- **Jarry**, *Ubu roi*
- **Kafka**, *La Métamorphose*

- **Kerouac**, *Sur la route*
- **Kessel**, *Le Lion*
- **La Fayette**, *La Princesse de Clèves*
- **Le Clézio**, *Mondo et autres histoires*
- **London**, *Croc-Blanc*
- **London**, *L'Appel de la forêt*
- **Maupassant**, *Boule de suif*
- **Maupassant**, *Le Horla*
- **Maupassant**, *Une vie*
- **Molière**, *Amphitryon*
- **Molière**, *Dom Juan*
- **Molière**, *L'Avare*
- **Molière**, *Le Malade imaginaire*
- **Molière**, *Le Tartuffe*
- **Molière**, *Les Fourberies de Scapin*
- **Musset**, *Les Caprices de Marianne*
- **Musset**, *Lorenzaccio*
- **Musset**, *On ne badine pas avec l'amour*
- **Perec**, *La Disparition*
- **Perec**, *Les Choses*
- **Perrault**, *Contes*
- **Prévert**, *Paroles*
- **Prévost**, *Manon Lescaut*
- **Proust**, *À l'ombre des jeunes filles en fleurs*
- **Proust**, *Albertine disparue*
- **Proust**, *Du côté de chez Swann*
- **Proust**, *Le Côté de Guermantes*
- **Proust**, *Le Temps retrouvé*
- **Proust**, *Sodome et Gomorrhe*
- **Proust**, *Un amour de Swann*
- **Queneau**, *Exercices de style*
- **Quignard**, *Tous les matins du monde*
- **Rabelais**, *Gargantua*

- **Rabelais**, *Pantagruel*
- **Racine**, *Andromaque*
- **Racine**, *Bérénice*
- **Racine**, *Britannicus*
- **Racine**, *Phèdre*
- **Renard**, *Poil de carotte*
- **Rimbaud**, *Une saison en enfer*
- **Sagan**, *Bonjour tristesse*
- **Saint-Exupéry**, *Le Petit Prince*
- **Sarraute**, *Enfance*
- **Sarraute**, *Tropismes*
- **Sartre**, *Huis clos*
- **Sartre**, *La Nausée*
- **Senghor**, *La Belle histoire de Leuk-le-lièvre*
- **Shakespeare**, *Roméo et Juliette*
- **Steinbeck**, *Les Raisins de la colère*
- **Stendhal**, *La Chartreuse de Parme*
- **Stendhal**, *Le Rouge et le Noir*
- **Verlaine**, *Romances sans paroles*
- **Verne**, *Une ville flottante*
- **Verne**, *Voyage au centre de la Terre*
- **Vian**, *J'irai cracher sur vos tombes*
- **Vian**, *L'Arrache-cœur*
- **Vian**, *L'Écume des jours*
- **Voltaire**, *Candide*
- **Voltaire**, *Micromégas*
- **Zola**, *Au Bonheur des Dames*
- **Zola**, *Germinal*
- **Zola**, *L'Argent*
- **Zola**, *L'Assommoir*
- **Zola**, *La Bête humaine*
- **Zola**, *Nana*
- **Zola**, *Pot-Bouille*